UN PEUPLE DE PROMENEURS

ALEXANDRE ROMANÈS

UN PEUPLE DE PROMENEURS

histoires tziganes

Préface de Lydie Dattas

nrf

GALLIMARD

LE LION DE DIEU

Au XIIIe siècle persan, les grands maîtres soufis passaient pour être capables d'apprivoiser les fauves. « Il porte mon fardeau », disait Rumi en montrant un lion au dos effectivement chargé de bois mort comme un âne. Zarathoustra vécut entre un aigle et un lion. La liste serait longue des mystiques et des sages qui fraternisèrent avec les bêtes sauvages une fois parvenus sur les cimes de l'esprit. Saint Jérôme et son lion, saint François et son loup en sont des exemples fameux.

Alexandre Romanès, lui, commença par les fauves pour finir avec Dieu. Il inverse le processus mais le résultat est le même. Fils d'un dompteur gitan, il entre à dix-neuf ans pour la première fois dans la cage. « J'entendis alors, dira-t-il, un bruit énorme qui emplissait la salle. Je ne compris pas tout de suite d'où il venait. Puis je m'aperçus que c'était le bruit de mon cœur. » Le bruit de son cœur, c'est lui que nous allons entendre dans ces pages.

La familiarité d'Alexandre avec ses lions était telle que ceux-ci pleuraient quand ils le voyaient traverser la ménagerie... Mais Dieu dans tout cela ? À seize ans, il a un premier signe : convié à une fête gitane, il s'y ennuie, monte dans une chambre et tombe sur un livre : « Je savais à peine lire mais je ne pouvais plus le lâcher. » C'était la Bible.

À quarante-cinq ans, Alexandre Romanès est resté presque inculte lorsqu'il se met à noter les premières phrases de son livre.

Il n'a guère lu plus d'une dizaine d'auteurs, mais son expérience est telle que les histoires et les réflexions qu'il nous livre le mettent naturellement dans le sillage des grands intuitifs de l'Histoire.

Il n'est pas un lettré, mais sa façon de saisir le réel va plus vite que la pensée. Si ses décisions sauvages frôlent parfois le crime, son cœur mélancolique sait toujours se faire pardonner. À force de faire des folies et de dérouter la raison, il a fini par devenir poète. Un jour qu'il était sombre et morose en face de moi, je lui dis — en espérant sans doute l'amadouer — qu'il me faisait penser à un de ces lions dont on ne parvient jamais, quoi qu'on fasse, à attirer le regard. « Alors attention au coup de patte! » répondit-il. Ceux qui aiment le vrai ne pourront qu'admirer l'empreinte de cette patte sur les lettres françaises.

LYDIE DATTAS

La phrase la plus tendre
doit être écrite
à la hache.

CHRISTIAN BOBIN

Un peuple de promeneurs

Pour les Gitans, deux choses sont importantes :
le sang et l'or.

*

La grand-mère, à sa petite fille qui va partir :
« Ma fille que Dieu soit partout sur ta route
et que tu voles beaucoup d'or. »

*

J'ai vu
un Gitan turc avec une hache
et un Gitan espagnol avec un couteau se battre.
On n'a rien pu faire.

Dans les tribus gitanes et tziganes
tous les hommes et toutes les femmes
plus âgés que soi, on les appelle
mon oncle et ma tante,
même si on les voit pour la première fois.

*

Dans ma tribu les hommes ne boivent pas d'alcool.
Quand ils vont au café pour discuter,
ils commandent un rhum,
se le versent dans les mains
et se frictionnent avec.

*

Doïna, onze enfants :
« Celui-là, hier, je lui ai mis une bonne volée, et puis je me suis aperçue, mais c'était trop tard, que je m'étais trompée d'enfant. »

Un paysan offre son champ aux Gitans pour passer l'hiver.
En quelques jours le champ est rempli de caravanes.
Le village passe de trois cents habitants à six cents.
Les commerçants sont contents.
L'épicier, le boulanger, le boucher
se frottent les mains.
Sauf le libraire.

*

On attend un violoniste.
Je demande à l'accordéoniste comment il joue.
« C'est simple, quand il prend son violon, il fait pleurer les murs. »

*

Mon arrière-grand-père avait trois femmes
et un ours.
« L'embêtant, disait-il, c'est l'ours. »

Une vieille Gitane veut absolument que j'engage son petit-fils.
Je lui dis que ce n'est pas possible, que j'ai déjà trop de monde.
Elle insiste : « Il sait tout faire. »
Je lui demande ce qu'il sait faire,
la grand-mère :
« Si tu lui donnes un bout de fil de fer,
il te fait une caravelle. »

*

Tcholaba.
Il est dans la dernière caravane du campement.
Il paraît qu'il est terrible.
Je demande :
« Il est vraiment terrible ? »
Meca :
« C'est simple, si tu lui tires la langue, tu es mort. »

J'avais fait une croix sur le cirque.
Vingt ans après, j'en monte un.
Je rencontre Pipo, un ami d'enfance.
Il m'embrasse et me regarde curieusement.
Je lui demande ce qu'il y a.
« Je suis vraiment étonné de te voir faire du cirque.
— Pourquoi ?
— Je pensais que tu étais intelligent. »

*

Dans la langue tzigane,
police et diable,
c'est le même mot.

Élonga.
Elle ne voulait pas vivre ailleurs que dans une caravane.
Elle avertit son mari :
« Si tu achètes une maison, je casse tout. »
Il achète une maison.
Dès qu'il est parti, elle prend un marteau et casse tout l'intérieur de la maison :
les fenêtres, les portes, elle arrache le papier des murs.
Quand son mari revient, il ne comprend pas.
Élonga :
« Je t'avais prévenu. Maintenant, la prochaine fois que tu sors, je la brûle. »

*

Je demande à Florina de dessiner une maison.
Elle dessine une maison portée par des jambes.

Un gars dans un restaurant est intrigué par ma présence.
Il engage la conversation.
Il est sympathique et nous parlons très librement.
Il me demande ce que je fais dans la vie.
Je lui dis que je suis avec le petit cirque qui est à côté.
« Le cirque tzigane ? Mais alors vous êtes gitan.
— Oui.
— Dites-moi la vérité, vous les Gitans, vous êtes vraiment terribles comme on le dit ?
— Oui, mais vous, les gadjé, vous êtes beaucoup plus terribles que nous. »
Le gars : « Comment ça ?
— Vous, vous avez inventé la colonisation, la prison, l'inquisition, la bombe atomique, l'ordinateur, les frontières...
— Arrêtez, je suis d'accord, on est plus terribles que vous. »

Une vieille Tzigane :
« Tous les gens qui vivent dans la sédentarisation,
est-ce qu'ils savent qu'ils ont un pied en enfer ? »

*

Délia :
« Comment font les gadjos
pour reconnaître leur maison ?
D'abord, elles sont moches
et elles se ressemblent toutes. »

Lénutsa, treize ans,
enceinte de Marius, quatorze ans.
Quand il n'est pas en prison, ils ne se quittent pas.
Leur vie, quand ils sont ensemble,
n'est qu'un éclat de rire.

*

Quand on n'était pas sages, on nous disait :
« J'appelle le gadjo. »

*

Délia :
« Cet imbécile d'Alberto !
Il en a tant fait que Dorina l'a quitté.
Il n'a pas fini de la regretter.
Elle avait toutes les qualités :
propre, courageuse, fidèle…
Et quelle voleuse ! »

Comme j'en avais assez de m'entendre dire non, je décide de passer la douane roumaine
avec la fille de Lénutsa, que je fais passer pour ma fille.
Ils ne me laissent pas passer et ils m'interdisent de quitter le pays. J'ai en permanence deux policiers qui me surveillent jour et nuit.
Comme ce petit manège dure depuis plusieurs jours, je décide d'engager la conversation avec eux.
Ils sont plutôt sympathiques.
Au moment de me quitter ils me disent :
« Alexandre, demain, c'est encore nous qui te surveillons.
On te le demande gentiment, quand tu traverses la ville, est-ce que tu ne pourrais pas marcher moins vite ? »

*

Sorine :
« Papa, qui a mis le sel dans la mer? »

Dans la banlieue parisienne,
j'aperçois un campement tzigane
sous une bretelle d'autoroute.
Les caravanes sont délabrées,
c'est la misère. Ils m'invitent à boire un café.
On s'assoit par terre sur des couvertures.
J'entends au loin le son d'un violon,
je vais au bout du campement,
il y a un jeune homme assis
devant une petite caravane
avec plein d'instruments de musique à ses pieds.
Il joue merveilleusement bien du violon.
Je lui demande s'il joue aussi bien
des autres instruments. Il saisit la flûte
et c'est aussi beau que le violon. Il s'arrête de jouer
et, avec un large sourire, en s'excusant, me dit :
« Je joue d'une douzaine d'instruments
mais je ne joue très bien que de six. »

Dans le cirque de mes parents on avait la manie des surnoms, il y avait :
Nez de coq, Dent de chien, Gueule de loup, Tête d'enclume.
Chaque difformité était exploitée.
Un pauvre garçon est engagé pour monter le chapiteau.
Comme il avait un bec-de-lièvre, on l'appelle Bec de lièvre.
Quelques mois plus tard, un de mes cousins trouve que c'est un peu méchant.
On décide de le rebaptiser.
Un compromis est trouvé :
on l'appelle Lapin.

*

Dans un petit cirque en Espagne
tous les hommes étaient trompés par leur femme
sauf celui qui avait épousé une prostituée.

*

Délia :
« Franchement, c'est pas mieux
si c'est moi qui vole dans la caisse ? »

Nous buvons le café dans la caravane.
Je demande à Nadège, dix ans :
« Tu aimerais vivre dans une maison?
— Oh non!
— Pourquoi?
— J'aurais trop peur!
— Mais pourquoi?
— Il paraît
que les murs sont plein de lézards. »

*

Une riche famille gitane
se fait kidnapper un fils de quinze ans.
La rançon s'élève à un million de francs.
Elle paie, le garçon est libéré.
Six mois plus tard, il est à nouveau enlevé...
Tout le monde comprend :
c'est le fils qui se kidnappe tout seul.

Une vieille Gitane à une jeune femme :
« Ma fille quand tu choisiras un garçon,
s'il n'est pas à la fois ton mari et ton frère,
ne l'épouse pas. »

*

À la suite d'un accident,
un ami arabe obtient cinq mille euros.
Nous parlons des gens qui sont changés par l'argent.
Il me regarde droit dans les yeux :
« Tu vois Alexandre, moi, j'ai cinq mille euros, et je n'ai pas changé. »

*

Un vieux Gitan :
« Dans un pays, rien n'est plus visible qu'une minorité. »

Marius :
« Le juge m'a envoyé une lettre,
c'est écrit : "non coupable".
C'est bien la première fois que ça m'arrive. »

*

Être gitan,
c'est aller en prison plus vite qu'un autre.

*

À la fin du spectacle,
Délia présente ses musiciens :
« Ce sont des membres de ma famille,
ils sont tziganes, comme moi,
ils voyagent en Transylvanie, la région de Dracula,
ils ont ce sang-là. »

Un vieux Tzigane :
« Le pouvoir politique ne tient qu'à un fil
mais un fil solidement tenu
par des hommes et des femmes
prêts à tout. »

*

Une vieille dame est interviewée.
« Madame, il y a dix mille Gitans dans un champ en haut du village, qu'en pensez-vous ? »
La vieille dame :
« Je trouve ça inquiétant.
— Mais madame, il y en a cinq mille qui prient sous un chapiteau, ce n'est pas bien ?
— Si, c'est bien, mais les cinq mille autres pendant ce temps-là, qu'est-ce qu'ils font ? »

À Tamara, onze ans :
« Tu aimerais avoir une maison ?
— Pour quoi faire ? »

*

À cette vieille dame qui dormait dans la rue,
Lina demande :
« Vous n'avez donc pas d'enfants ?
— Si, j'en ai dix.
— Et vous êtes à la rue ?
— Oui. J'aurais dû en faire onze. »

Une vieille Tzigane :
« Ils ne sont pas nombreux ceux qui ne tombent pas dans le gouffre de la jalousie. »

*

Il voulait se marier et comme il était un peu naïf, quelqu'un lui dit :
« Tu devrais faire comme les gadjé.
Tu t'habilles bien, tu vas voir son père et tu lui dis : "Monsieur,
Je viens vous demander la main de votre fille." »
Le père lui a mis un grand coup de poing dans la figure en lui disant :
« Prends la mienne en attendant. »

Dans la restauration rapide à Paris,
tous les soirs après la fermeture,
ils jettent ce qui n'a pas été vendu.
Et pour que la nourriture jetée
ne soit pas récupérée par les clochards,
ils saupoudrent le tout avec du verre pilé.

*

Une vieille Gitane :
« Dans ma jeunesse, les imbéciles voulaient être jeunes beaux et riches,
maintenant ils veulent être jeunes beaux riches et célèbres. »

*

Un gars dans le bar à côté du cirque.
Il parle des femmes :
« Je n'aime pas du tout cette viande-là
mais je dois reconnaître
que j'aime beaucoup l'animal. »

Il avait six ans. Il était terrible.
On ne pouvait pas le quitter des yeux,
sinon il mettait le feu à la caravane,
il prenait un marteau et il cassait tout,
il ouvrait tous les robinets à fond,
toutes les clés disparaissaient,
si on voulait l'embrasser, on était prévenu :
« Attention au coup de tête ! »
Je demande :
« Et maintenant qu'il est grand ?
— Maintenant, il est doux comme un agneau.
C'est un miracle. »

*

Proverbe gitan :
« Si tu es au fond du trou, arrête de creuser. »

Un de mes cousins veut absolument m'emmener dans une boîte de nuit.

Après plusieurs mois de refus, je finis par accepter.

On entre dans une pièce toute noire, la sono est à fond, on ne s'entend pas parler, il y a un nuage de fumée, pour moi, il n'y a rien.

Mon cousin :

« Tu ne bois pas, tu ne fumes pas, tu ne danses pas, mais reconnais quand même qu'on est entourés de vedettes. »

*

Délia :

« Je ne bois jamais d'alcool,
je ne bois que du champagne. »

Une jeune femme était assise devant une église,
avec un écriteau à ses pieds.
Le texte changeait tous les jours.
Je ne comprenais pas ce qu'elle écrivait,
mais ça ne me semblait pas sans intérêt.
Un jour, deux concierges s'arrêtent devant elle.
L'une dit à l'autre :
« N'essaie pas de comprendre, elle est folle. »
À vouloir systématiquement être fin,
on finit par être bête.

*

Mon oncle Joseph Romanès
avait un regard de serpent.

Dans le cirque de mes parents,
j'avais un numéro avec des fauves.
Mon oncle Joseph Romanès a tout fait
pour que je me fasse dévorer par mes lions.

*

Quand je suis devant une difficulté,
souvent je pense à mon père.
Je me demande ce qu'il aurait fait à ma place.

*

Un vieux Gitan :
« Il y a des incapables et des fous
à tous les échelons de la société. »

Une vieille Gitane.
Elle connaît très bien la médecine gitane :
« Quand on voit ce qu'on donne à boire et à manger dans les hôpitaux, on peut se demander ce que les élèves en médecine apprennent dans leur école.
Apparemment ils ne savent pas qu'il y a des aliments naturels qui guérissent mieux que les médicaments. »

*

Quand mon oncle Joseph Romanès engageait un artiste, il lui disait :
« Tu vois mon garçon, ici, tu es dans un grand cirque mais n'oublie jamais qu'il n'y a pas d'argent. »

*

Mon oncle J. Romanès :
« J'aime bien conduire ma voiture la nuit
car dans les lignes droites
je dors. »

Une de mes cousines fait les lignes de la main dans Paris.
Je suis avec mon oncle, on frappe à la porte.
« Cousine, qu'est-ce qui t'est arrivé !
Ça fait des années qu'on ne te voit plus !
Qu'est-ce que tu deviens ?
— Je me suis mariée, mon oncle.
— Qu'est-ce qu'il fait ton mari ?
— Il est psychiatre.
— Ah bon. Et toi, tu fais toujours les lignes de la main ?
— Non, mon oncle. Tout ça c'est fini.
J'ai fait des études. Maintenant je suis psychiatre, moi aussi.
— C'est quoi psychiatre ? »
Ma cousine lui explique.
Mon oncle :
« Alors, si j'ai bien compris, tu as fait dix ans d'école pour faire ce que tu faisais avant d'avoir été à l'école ? »

À une époque, ma famille était si riche qu'elle entassait les lingots d'or dans des poubelles.
C'est loin tout ça.

*

Mes cousins sont engagés avec leur caravane dans une rue étroite.
Je cours pour les arrêter :
« Frères, n'allez pas plus loin, vous ne passerez pas. »
Ils ne m'écoutent pas.
Cinquante mètres plus loin j'entends les hurlements, j'arrive en courant, les caravanes sont bloquées.
« Vous voyez, je vous l'avais dit.
— Oui, mais tu ne nous avais pas dit
que c'était une ville de bassets. »

*

Délia :
« Je ne me maquille jamais,
sauf les yeux et la bouche. »

À force d'entrer et de sortir du campement gardé par des CRS, j'ai fini par sympathiser avec eux.

C'est comme ça qu'un jour un jeune CRS m'a demandé si je pouvais le présenter à une jeune Gitane dont il était amoureux.

Il était prêt à l'épouser si elle voulait de lui.

Il passait ses journées assis en hauteur sur un tas d'ordures, dans l'espoir de l'apercevoir.

*

Sorine, mon fils, huit ans :
« Papa, ça serait joli
s'il n'y avait que des femmes. »

Un violoniste fréquente la fille d'un juge.
Il est invité à dîner pour être présenté aux parents.
L'atmosphère est froide.
À la fin du repas, le juge dit au garçon :
« Jeune homme, je sais pourquoi vous êtes là, vous voulez épouser ma fille.
Mais ce n'est pas possible, car j'ai appris une mauvaise nouvelle :
il paraît que vous êtes hongrois. »
Le garçon :
« Monsieur, vous allez apprendre une deuxième mauvaise nouvelle :
je suis hongrois et tzigane. »

*

Proverbe tzigane :
« Si tu veux dire la vérité,
assure-toi que tu as un bon cheval. »

La police roumaine nous a pris nos papiers.
On ne peut plus sortir du pays.
Un ami nous recommande auprès d'un député royaliste.
Le député :
« Je tiens à vous dire par honnêteté
que je n'aime pas beaucoup les Tziganes. »
Je lui demande :
« Pourquoi ? »
Il me dit :
« Ce serait trop long à expliquer,
mais pour résumer, je dirais que votre peuple n'a aucune qualité. »
Et pendant trente minutes il nous dit des horreurs sur le communisme.
Quand nous nous quittons, je lui dis :
« Vous pensez vraiment que les Tziganes n'ont aucune qualité ? »
Le député :
« Je le pense vraiment. »
Je lui dis :
« Si les Roumains avaient été des Tziganes, combien de temps aurait tenu le régime communiste ? »
Il réfléchit un instant et dit :
« Ça n'aurait pas tenu huit jours. »

Il me prend dans ses bras et me dit :
« Vous m'avez donné une bonne leçon.
Votre peuple a une grande qualité. »

Dans les tribus, on l'appelle Paganini.
Il joue merveilleusement bien du violon.
Je lui demande pourquoi il joue si bien.
Le violoniste :
« Mon grand-père et mon père étaient violonistes et mon père a fait une chose bizarre.
Entre l'âge de cinq et quinze ans, il m'a attaché un pied avec une chaîne à la caravane, plusieurs heures par jour, sans rien autour de moi.
Il n'y avait près de moi que le violon et l'archet. »

*

Ma fille Alexandra.
Comme dans toutes les familles gitanes, on ne lui a jamais donné de jouets.
Une vieille dame lui apporte une poupée magnifique.
Elle la regarde, la prend par une jambe et la jette dans la boue.
Je regarde ma fille avec admiration.

Ils allaient mal,
ils étaient tombés dans tous les pièges
que leur avait tendus la société.
Je les regardais avec stupéfaction.
Je ne comprenais pas comment
on pouvait être dans l'erreur à ce point.
Ils se sont tournés vers moi, agressifs :
« Pourquoi tu nous regardes ? »
J'étais embêté. Je décidai de leur dire la vérité :
« J'aimerais être votre père
pour pouvoir vous aider. »
Ils m'ont laissé tranquille.
Quand ils sont sortis, ils sont passés devant moi.
Le dernier s'est jeté sur ma main et l'a embrassée.

*

Délia :
« Quand je n'ai pas d'argent dans mes poches, je pleure. »

Marius :
« Dieu, je t'en prie, oublie-moi un peu. »

*

Prendre le métro est mon parcours du combattant.
Je pars dans des rêveries
qui me font rater ma station
et qui m'amènent jusqu'au terminus.
Je reprends le métro dans l'autre sens
et je me retrouve à l'autre terminus.

*

À côté du cirque, il y a le cimetière de Clichy.
Le seul endroit tranquille du quartier.
Je vais souvent m'y promener avec mes filles.
Je lis sur une tombe : Monsieur X, chef de bureau.
Quelle misère…

Le père et le fils priaient,
la mère et la fille volaient.
C'était une famille très sympathique,
mais impossible à comprendre.

*

Les Juliani étaient si pauvres,
ils n'avaient pas de quoi se chauffer.
Le soir, ils se disputaient entre eux
pour avoir le chien dans leur lit.

*

Dans le commissariat,
Délia me tirait discrètement par la manche en me suppliant d'arrêter d'insulter le commissaire de police.
Délia, rouge de colère, en hurlant :
« Alexandre, si ce bâtard de Français me met en prison, prépare ton cercueil. »

Une vieille Tzigane :
« Il y a des gens,
tout ce qu'il ne faut pas faire, ils le font.
Et tout ce qu'il faut faire, ils ne le font pas. »

*

Un jeune Gitan :
« Il paraît qu'il y a des garçons de mon âge
qui vitriolent le visage des jeunes femmes ;
que la foudre les anéantisse. »

*

En traversant un quartier mal fréquenté, je me suis fait attaquer par une bande de loubards.
Le soir, avant de me coucher, je reçois un appel du poète Guy Goffette qui me dit :
« Ton recueil de poèmes est pris par Gallimard. »
C'est quand même une belle journée.

Comme je suis le seul à avoir des papiers,
tous les Tziganes qui sont autour de moi
veulent que je reconnaisse leurs enfants.
Moi qui ai déjà six enfants
voilà qu'il m'en arrive de partout.
Ces misérables histoires de papiers
vont nous rendre tous fous.
On ne sait plus comment contenir ces abrutis
dans leurs bureaux. Si je les écoutais,
je pourrais faire une équipe de football.

*

Délia :
« Je ne fais pas confiance aux hommes,
surtout ceux qui ont un sexe masculin. »

Une belle et grande famille de cirque.
Ils peuvent dire qu'ils ont réussi quelque chose :
tout le monde les déteste.

*

Les gens malintentionnés
profitent de la présence des Gitans près de chez eux
pour faire un mauvais coup.

*

Un vieux Gitan :
« Tout le monde dit :
"L'intelligence n'a rien à voir avec les diplômes" ;
mais tout le monde ment,
car personne ne le pense. »

Deux de mes cousins se sont battus.
Mais, très vite ils se sont arrêtés, car ce n'était pas grave.
Quand ils se sont séparés, il y en a un qui a senti une chaleur à son visage, il saignait, il est entré dans une colère de fou, il hurlait :
« Tu as fait couler le sang de ma mère ! »
Ils se sont battus comme des bêtes.

*

À quinze ans, mon cousin Roland vole la voiture américaine toute neuve de son père.
Il arrive à cent à l'heure à un croisement, il freine, mais en bout de course il percute un camion.
Tout l'avant est enfoncé.
Il sort de la voiture, le chauffeur sort du camion.
C'est son père.

Marius :
« Si la police t'arrête
et trouve un couteau sur toi, tu es jugé.
C'est quand même incroyable. »

*

Un alcoolique dans le bar à côté du cirque.
« Moi, je n'ai jamais eu peur du travail,
je me suis toujours sauvé avant d'avoir peur. »

*

Quand j'allais au café ou au restaurant
avec mon cousin Roland,
à chaque fois qu'il remerciait le serveur il disait :
« Merci mademoiselle. »
Il était toujours extrêmement poli avec les serveurs
mais c'était plus fort que lui,
il fallait qu'il les appelle
« mademoiselle ».

Éric, un gars qui travaille dans un petit cirque.
Dans sa famille il y a onze suicides,
ils se sont tous pendus pour la même raison :
leur femme les abandonne
pour aller vivre avec un autre homme.

*

Mon cousin Roland
allait chez le dentiste avec une corde :
« Monsieur je ne supporte pas la douleur !
alors vous avez deux solutions :
ou vous m'attachez avec la corde
ou vous prenez le risque d'être battu. »

*

Délia
a écrit sur sa caravane en grosses lettres :
Madame Délia elle voit tout
Ligne de la main jusqu'au coude.
Spécialité
Retour d'amour.

Le poète gitan Jean-Marie Kerwich :
« Alexandre, ta fille Alexandra,
tu devrais l'attacher avec une corde à la caravane.
Elle est terrible,
elle va finir par avoir un accident. »

*

Une vieille Gitane :
« Les trois derniers présidents de la République
ont bataillé cent ans à eux trois
pour obtenir le poste ;
quelle misère. »

*

Une Tzigane sur un campement est interviewée.
Le journaliste :
« Vous n'avez pas fait d'enfants, pourquoi ? »
La Tzigane :
« Mon mari et moi,
on n'a pas voulu reproduire notre bêtise. »

Délia :
« La télévision est bizarre,
elle nous parle toujours du pape
et jamais du Christ. »

*

Le cirque Romanès,
c'est bien joli mais il y a l'administration ;
plutôt que d'avoir une lettre administrative,
je préfère prendre une bonne gifle.

*

Devant la ménagerie d'un petit cirque :
« Entrez, entrez messieurs dames.
Les singes, vous les verrez en chair et en os.
Ils se battront, ils s'attraperont par la queue
comme de vrais hommes. »

Un vieux Gitan :
« Les Arabes et les Juifs sont souvent jaloux
mais leurs femmes sont si belles. »

*

En Espagne, les tigres de mon cousin Roland s'étaient échappés.
On les retrouve tous, sauf un.
Après quinze jours de recherches, on le retrouve dans une ferme à l'écart, tenue par une vieille femme.
Quand on lui a demandé si elle n'avait pas eu peur du tigre, elle n'a rien compris.
Elle trouvait qu'il mangeait beaucoup de poules et qu'il était bien gros, mais elle voulait le garder.
Jamais, disait-elle, elle n'avait vu un chat aussi beau.

Délia :
« Longtemps, j'ai pensé qu'au cirque
il y a plus d'abrutis qu'ailleurs,
mais je me suis trompée, ailleurs, c'est pareil. »

*

On démontait le chapiteau.
Un homme de loin nous fait signe de nous approcher.
Un de mes cousins y va.
On le voit mettre un coup de poing au gars qui tombe par terre.
Il revient vers nous :
« Mon cousin, pourquoi tu as mis un coup de poing au gadjo ? »
« Ce ce ce con-là, i i il m'a fait faire cinquante mètres pour me demander l'heure. »

Deux frères directeurs de cirque.
Ils ne s'entendent plus et veulent se séparer.
Il faut partager le matériel : il y a beaucoup
de camions, de toiles et de caravanes.
Ils crient et s'insultent toute la journée,
impossible de se mettre d'accord.
Le soir, faute d'accord,
ils rassemblent le matériel sur la place,
aspergent le tout d'essence et y mettent le feu.

*

Mon cousin Sampion Romanès :
« Quand j'arrive avec ma Cadillac,
tout le monde me remarque. »
La poétesse Lydie Dattas :
« Si on te remarquait sans ta Cadillac,
ça serait encore plus fort. »

Mon cousin Sampion est furieux.
Il m'a entendu dire à la radio
que notre famille est gitane.
Je lui promets de dire dorénavant
que toute notre famille est gitane,
sauf mon cousin Sampion.

*

Je suis dans un train en Espagne.
Je vois monter une dizaine de jeunes Gitans.
Ils s'adressent à tout le compartiment :
« Vous allez nous donner un peu d'argent.
Pour vous aider à mettre la main à la poche,
on vous propose deux choses :
ou on sort les couteaux ou on sort les guitares. »
Tout le monde a crié :
« Les guitares ! »

À Tamara, onze ans :
« Tu es mariée ?
— Non.
— Tu as des enfants ?
— Non.
— Pourquoi ?
— J'ai pas d'homme. »

*

Je suis souvent dans la lune.
Il m'arrive de quitter la pompe à essence ou le restaurant sans payer.
Comment expliquer, quand on est gitan,
que l'on n'a pas voulu voler ?

*

Mon cousin Sampion
aime beaucoup lire des livres.
Il prétend que son écrivain préféré c'est
Tolstoïevski.

Mon cousin Sampion dit à tout le monde :
« Dans la famille,
il n'y en a que deux qui sont intelligents,
moi et mon cousin Alexandre. »

*

Qu'est-ce que ma cousine est contente
que notre cousin Sampion soit à moitié paralysé !
Si elle pouvait applaudir avec les pieds,
comme les singes, elle le ferait.

*

Délia :
« Si ton cousin Sampion était intelligent,
depuis le temps qu'il parle, ça se saurait. »

Avec nos caravanes, sur le bord de l'autoroute,
on était sur un terrain pourri, plein de trous,
sans eau ni électricité, il faisait une chaleur torride.
Je dis : « On est quand même mieux ici
que sur la Côte d'Azur. »
Marius : « Je connais la Côte d'Azur,
ce n'est pas un endroit tranquille,
c'est plein de gens riches. »

*

Mon cousin m'explique pendant vingt minutes
qu'il va tout changer dans son cirque.
Les camions, les caravanes,
les gradins, le chapiteau.
Il commence à m'agacer. Je lui dis :
« C'est très bien de changer les assiettes,
mais est-ce que tu vas aussi changer la soupe ? »

Quand j'étais jeune et que je faisais tomber
des pièces de monnaie, je ne me baissais pas pour les ramasser,
quand je passais à la caisse d'un magasin, je ne prenais pas la monnaie.
Je m'en faisais parfois le reproche
jusqu'au jour où j'ai découvert que c'était un trait commun de tous les Gitans.

*

Je suis dans le train, on traverse les Vosges.
De l'homme assis en face de moi
se dégage un parfum extraordinaire.
Je n'ai jamais rien senti d'aussi bon.
J'engage la conversation
et je lui demande ce qu'il fait.
« Je suis bûcheron. »
Ce parfum, c'était les arbres.

La patronne du bar à côté du cirque,
elle était toujours habillée en rouge,
elle aurait bien aimé
que les hommes soient des taureaux.

*

Costel, le violoniste du cirque :
« Je n'en peux plus d'attendre Maria,
quand même, je ne suis pas un animal. »

*

Un gars dans un petit cirque :
« Ah si vous aviez connu maman
quand elle faisait la danse du ventre
avec une bouteille de champagne sur la tête.
Quelle classe ! »

Une vieille Gitane :
« Je n'ai jamais été attirée par les alcooliques
mais je les préfère, et de loin,
aux responsables politiques. »

*

La serveuse dans le bar à côté du cirque
habillée, maquillée, coiffée comme une prostituée.
Elle disait :
« J'aime beaucoup la Grèce antique. »

*

Un journaliste demande à Délia à quelle tribu tzigane elle appartient :
« Je suis une Lovari, la tribu des voleurs de chevaux. »
Le journaliste :
« Et votre mari, Alexandre?
— Il est de la tribu des Sinti,
eux, ce sont des voleurs tout court. »

On était sur un terrain vague
près d'une usine qui crachait dans l'atmosphère
une fumée extraordinaire.
Montrant l'usine, la petite Maria
demande à son frère Sorine :
« C'est quoi ça ?
— C'est une fabrique.
— Elle fabrique quoi ?
— Elle fabrique du ciel. »

*

La patronne du café à côté du cirque
à sa fille de huit ans :
« Plusieurs fois par jour tu prends la serveuse
dans tes bras, tu l'embrasses.
Tu l'appelles mon petit lapin.
Pourquoi ? »
La petite avec un grand sourire :
« C'est pour faire comme papa. »

Le patron du bar à côté du cirque :
« Des fois, j'achète un livre,
ça parle souvent de sexe,
les auteurs croient peut-être
qu'ils ont fait une grande découverte. »

*

Un vieux Tzigane :
« Quand un homme présente une façade
impeccable, c'est qu'il ne l'est pas. »

*

Dans les tribus tziganes,
les femmes sont heureuses de servir leur homme.

C'est le matin très tôt. Il fait un froid de canard.
J'attends avec un Arabe l'ouverture de la pompe à essence.
On se plaint du froid tous les deux.
On voit passer une fille en minijupe.
Je dis au gars :
« Elle au moins, elle n'a pas froid !
— C'est normal, me répond-il,
le diable lui a prêté sa djellaba ! »

Dans le bar à côté du cirque.

Tous les jours, un jeune homme demande au patron du bar s'il y a du travail.

Le patron lui fait toujours la même réponse :

« Je n'ai rien à vous proposer. »

Quelques jours passent et le patron du bar me dit :

« Je suis très embêté car un de mes serveurs va me quitter et ce n'est pas facile de trouver du personnel. »

Je lui fais remarquer que, presque tous les matins, il y a un jeune homme qui présente bien et qui demande du travail, justement, le voilà, c'est le moment de lui proposer quelque chose.

Le patron :

« Jeune homme, êtes-vous toujours à la recherche d'un emploi ? »

Le jeune homme :

« Oui, monsieur, j'aimerais beaucoup travailler dans votre bar avec votre équipe.

— Alors je vous engage. »

Le patron lui dit les conditions financières.

Le garçon est surpris, il ne s'attendait pas à être aussi bien payé.

Il veut commencer le plus vite possible.

Le patron :

« Demain, c'est calme.
Normalement, tu devrais commencer dans quelques jours, mais puisque tu y tiens, tu commences demain. »
Le jeune homme, tout content :
« Monsieur, à quelle heure je commence demain ? »
Le patron :
« Demain. Ne viens pas avant 10 h. »
Le jeune homme, stupéfait :
« Quoi, on travaille le matin ? »

*

À mon fils Sorine, huit ans,
un journaliste demande :
« Toi qui voyages beaucoup,
c'est où la Turquie ? »
Sorine :
« La Turquie ? C'est sur une planète. »

Le poète
Jean Genet me disait :
« Si tu crois que c'est drôle d'être moi. »

*

J'ai une altercation un peu vive avec un gars qui fume un gros cigare ;
pour le déstabiliser je lui dis :
« Je ne peux imaginer le Christ avec un cigare. »
Le gars :
« Moi je peux l'imaginer,
d'ailleurs ça lui irait très bien. »
Je me suis senti un peu bête.

*

Une vieille Gitane.
Chaque fois qu'elle entend une histoire triste,
elle dit :
« Pauvres êtres humains ! »

Une vieille Tzigane :
« La télévision est une poubelle,
et comme les poubelles, des fois,
on y trouve quelque chose. »

*

L'immeuble était en feu.
D'un balcon, je regardais l'incendie avec Jean Genet.
Il était comme un enfant.
Je lui dis :
« Les pompiers hurlent qu'il faut sortir. »
Jean :
« Pas question, pour une fois que c'est rigolo ! »

*

Le violoniste
Yehudi Menuhin est venu nous voir.
À la fin du spectacle, il m'a dit :
« Jusqu'à mon dernier jour, je penserai à vous. »

Tous les jours,
j'essaie de monter des numéros pour les enfants.
Ils n'ont pas toujours envie de répéter,
ils préfèrent courir dans les champs ;
C'est eux qui ont raison,
mais je ne peux pas le leur dire.

*

Comment faire du spectacle
quand on pense
que le plus beau spectacle ne vaut pas
une promenade dans la campagne.

*

Jean Genet :
« Un artiste de cirque qui se laisse applaudir,
c'est déjà un bourgeois. »

Avec Jean Genet
je marchais dans la rue, il neigeait.
Il n'avait pas de manteau.
Je lui passe mon blouson rouge avec une capuche.
« Jean, tu es beau comme ça,
on dirait le Père Noël. »
Ça ne l'a pas fait rire.

*

Jean Genet me disait :
« Tu devrais écrire. »
Moi je ne voyais pas ce que j'aurais fait,
avec un crayon et du papier.

*

Toscane, Bourgogne, Aquitaine.
Des noms qui me font rêver
plus que les étoiles.

Après plusieurs voyages en Italie
pour essayer de revoir ma fille, je me suis arrêté
à la cathédrale de Milan pour mettre des cierges.
Mais ça ne m'a pas empêché le lendemain
de prendre un coup de couteau
et de connaître la prison de Naples.
Pour une fois que j'allais à l'église...
Ça m'apprendra.

*

Délia :
« Que Dieu protège tout le monde,
même mes ennemis ! »

Un vieux Gitan :
« Les Israéliens et les Palestiniens
se battent comme des lions pour avoir un État.
Qu'il y ait cent États ou quatre-vingt-dix-huit,
ça change quoi ? »

*

Je donne une interview pour la télévision française.
Le journaliste commence très fort :
« Vous les Gitans, vous êtes tous des voleurs. »
Je lui demande s'il est français. Il me répond oui.
Je lui dis :
« Vous les Français, vous avez volé la moitié de l'Afrique.
Curieusement, on ne dit jamais
que vous êtes des voleurs. »

Mon père avait treize tigres.
Il croyait que le chiffre treize portait bonheur.
Jusqu'au jour où il a été attaqué par ses tigres.

*

Un gars qui travaille dans le cirque
depuis trente ans :
« J'ai eu des problèmes avec tout le monde.
Les seuls qui ne m'ont jamais volé,
ce sont les Gitans. »

*

Proverbe gitan :
« Tout le monde a une goutte de sang gitan et juif. »

Un vieux Tzigane :
« Au vingtième siècle, les pays étaient dirigés par des militaires ou par des civils.
Les militaires étaient des criminels patentés,
les civils étaient des criminels sans patente. »

*

On était une dizaine à manger autour de la table.
Mon père entend dire une chose qui le rend fou.
Il a envoyé la table au plafond
avec la vaisselle et la nourriture.

*

La phrase qui m'a le plus impressionné :
« Tout ce qui n'est pas donné est perdu. »

Avec ma fille Alexandra, cinq ans,
j'entre dans un restaurant self-service.
On passe devant une dizaine d'hommes et de femmes.
Soudain, elle lâche ma main,
et court en direction d'un clochard
qui est dans le fond de la salle,
elle se jette sur lui et l'embrasse.
Quand c'est beau, il n'y a rien à dire.

*

Mon père, ce colosse,
le revoir à travers ma fille de trois ans...
Comment ne pas être touché ?

À chaque arrêt, deux légionnaires qui nous suivaient en voiture percutaient doucement l'arrière de notre voiture.
Sans rien dire, mon père les suivait du regard dans le rétroviseur.
Après cinq ou six arrêts, voyant que mon père ne réagissait pas, ils sont descendus de voiture, ont ouvert notre portière et ont demandé à mon père de sortir.
J'étais très jeune mais j'ai pensé :
« Autant faire sortir un tigre de sa cage. »
Quand ils se sont retrouvés à terre
à supplier mon père d'arrêter de frapper,
il les a mis dans leur voiture en leur disant :
« Si vous étiez restés tranquilles à votre place,
vous auriez l'air intelligent
comme tout le monde. »

*

Une vieille Gitane :
« Il y a des hommes, rien qu'à les regarder,
on a déjà peur. »

Je suis dans un restaurant.

À quelques tables de la mienne, il y a une jeune femme chahutée verbalement par un loubard.

La jeune femme demande plusieurs fois gentiment au gars de la laisser tranquille mais il ne veut rien savoir et il continue.

Je lui dis :

« Ou tu la laisses tranquille, ou je te sors du restaurant à coups de pied aux fesses. »

Le loubard :

« Je suis ceinture noire de karaté et de judo,
quand tu veux, je m'occupe de toi. »

Et il m'invite à sortir du restaurant.

Je lui dis :

« Je termine mon repas, et on se retrouve dehors. »

Je finis de manger et lui fais signe de sortir
et comme tous les clients du restaurant ont suivi l'affaire, je lance à la cantonade :

« Le karaté et le judo, c'est bidon
et je vais vous le prouver tout de suite ! »

Il m'a roué de coups.

Une vieille Gitane :
« Si cette société c'était une machine
il y a longtemps qu'on l'aurait mise à la casse. »

*

Ce monde est tellement compliqué,
tout est difficile,
même vendre des frites au coin de la rue.

*

Quand le sinistre dictateur Ceauşescu
a mis de force les Tziganes dans des appartements,
les Roumains qui ont de l'humour disaient :
les Tziganes sont bizarres,
ils mettent les chevaux dans les appartements
et eux ils continuent à vivre dehors.

J'aime beaucoup cette phrase de François Ier :
« Tout est perdu, fors l'honneur. »

*

Mon père
ne regardait jamais le spectacle de son cirque.

*

Mon père :
« Être gitan, c'est n'être dans rien :
ni dans le sport, ni dans la mode,
ni dans le spectacle, ni dans la politique
et la réussite sociale n'a pas de sens pour nous. »

Tziganes de Roumanie

Quelle tristesse de voir Vichoara.
Je ne m'attendais pas à ça.
Il n'y a même pas une fleur.

*

Au milieu du village il y a un ruisseau
où pataugent les canards.
On traverse le ruisseau sur un pont en béton,
de l'autre côté
c'est la même tristesse.

*

Dans la seule épicerie du village, il y a un peu à manger,
et plein de bouteilles d'alcool.
Les hommes sont dans un état !

Tous ces alcooliques
qui se tapent dessus on dirait des bêtes.
Et les femmes au milieu;
les pauvres femmes.

*

Il y a une église un peu baroque.
Le bedeau me fait visiter.
Il est très gentil.
Je lui donne un peu d'argent
mais il n'en veut pas pour lui.
Il met l'argent dans le tronc
en disant, c'est pour Dieu.

*

La maison est remplie d'hommes.
Ils sont tous abrutis par l'alcool.
Heureusement qu'il y a les femmes.

Et le voisin qui hurle avec son accordéon.
Ici, ils sont tous devenus fous.

*

Que mes enfants
ne deviennent jamais des alcooliques,
je serai déjà content.

*

Les enfants jouaient dans la cour sans lumière,
les hommes dormaient un peu partout.
J'ai bu un café avec les femmes.
Je me suis senti comme un enfant.

L'image que j'ai des Tziganes de Roumanie :
Le père n'est pas là, la mère chante,
et sa petite fille pleure sous la table.

*

Pour une misérable histoire de papiers, on n'a pas pu ramener tous les enfants. Si on m'avait marqué au fer rouge comme une bête, je n'aurais pas eu plus mal.

Un vieux Gitan :
« Dans une société malsaine, plus tu bouges,
plus tu t'enfonces. »

*

L'Occident avec sa manie de tout pasteuriser
a détruit les Tziganes de Roumanie.
Il a réduit à l'esclavage un peuple de promeneurs.
Il les a obligés à abandonner le voyage
et à vivre dans des maisons.
L'Occident me fait penser à cette doctoresse
qui avait des jambes énormes remplies d'eau
et qui donnait des conseils de médecine
à tout le monde.

*

Une vieille Gitane. Elle ne parle jamais
des camps de concentration où elle a été.
Je lui demande pourquoi. Elle me répond :
« Parce que j'ai honte. »

À huit ans, je suis resté quelques mois dans une école religieuse.
Le curé :
« Les enfants, demain, il y a confession.
Écrivez tous vos péchés sur une feuille. »
J'entre dans le confessionnal. Ma feuille est blanche.
« Mon garçon, il n'y a rien sur ta feuille, tu n'as donc rien fait de mal ?
— Si, mon père, j'ai volé de la confiture.
— Alors, pourquoi ne pas l'avoir écrit sur ta feuille ?
— Parce que Dieu ne s'intéresse pas au vol de confitures. »
Le curé :
« Tu as raison mon garçon,
Dieu ne s'intéresse pas au vol de confitures. »

*

Délia :
« Quand je me suis mariée avec Alexandre,
je croyais épouser le plus terrible des Romanès. »
Délia déçue :
« J'ai épousé un poète. »

À l'école,
je ne sais pas ce qui était le plus pénible :
les cours, ou la récréation, avec les enfants
qui criaient et qui couraient dans tous les sens.

*

Dans mon enfance j'ai été quelques mois à l'école, mais on n'a pas pu me garder :
on n'était jamais parvenu à me faire asseoir.

*

Quand j'étais adolescent,
j'aurais préféré mourir
que de baisser la tête.

Vassero, il faisait le portrait des quatre frères.
À propos de mon père, Firmin :
« S'il n'avait pas été avec ses frères,
il serait encore dans une verdine
tirée par un cheval.
Il irait de village en village avec un ours. »
C'était bien vu.

*

Quand mon père était vivant,
je ne le comprenais pas,
maintenant qu'il est mort,
je comprends tout.

*

Quand j'avais vingt ans,
je regardais mon père comme un étranger.
Maintenant, j'ai l'impression d'être lui.

Un travesti à côté du cirque.
Il est jeune et beau, on dirait une fille.
Avec le temps, on sympathise.
Un jour je lui demande ce qu'il faisait avant.
« Avant, me dit-il,
j'étais berger dans les Pyrénées. »
Quelle tristesse.

*

Sur un campement tzigane
j'ai vu un homme
s'arracher les cheveux par poignées,
pour des papiers qu'il n'avait pas.

Elle a un visage d'impératrice antique,
un buste de danseuse étoile,
des jambes magnifiques taillées à la hache.
Au paradis toutes les femmes
sont des danseuses de corde comme Betty.

*

Entendu à la radio : une femme a passé deux ans
dans un arbre à cinquante mètres du sol
pour empêcher qu'on le coupe.
C'est un peu fou, mais c'est beau.

*

Si je dois être avec des imbéciles,
hommes ou femmes, je choisis les femmes :
c'est moins lourd.

Si un jour on m'avait dit :
« Tu prendras du plaisir à conduire les camions du cirque
et à monter ton chapiteau,
je crois que ça m'aurait fait sourire. »

*

Le seul compliment qui me fasse plaisir
à propos de notre cirque :
« Votre spectacle nous donne du courage. »

*

Délia :
« Qu'est-ce qu'elle est gentille ma fille.
On dirait une petite vieille. »

Mon père :
« Un homme,
c'est beaucoup plus féroce qu'un tigre.
Un tigre, tu lui donnes quinze kilos de viande et il est repu,
un homme, tu le couvres d'or et il en veut encore. »

*

Mon père :
« Il n'y a pas de honte à être battu.
La honte, c'est de ne pas se battre quand il faut. »

Une dizaine de jeunes Gitans
parlaient des défauts physiques
des femmes qu'ils connaissaient.
Mon père écoutait sans rien dire.
Un des jeunes :
« Oncle, tu as entendu notre conversation?
— Oui j'ai entendu. »
Le jeune :
« Et alors est-ce que tu es d'accord avec nous? »
Mon père :
« Vous ne dites que des bêtises. »
Le jeune :
« Ah bon, et pourquoi? »
Mon père :
« Toutes les femmes sont belles. »

*

Délia se soucie toujours
de ce que les gens pensent d'elle.
Comme dit cette expression un peu vulgaire
mais tellement vraie :
on n'est pas sorti de l'auberge!

Souvent coincés
entre l'autoroute et la décharge municipale,
les Gitans occupent la dernière place
dans la société.
Mais cette place me plaît,
je n'en voudrais pas d'autre.

*

Dans les tribus gitane et tzigane,
le nomadisme est très fort.
Il y a sûrement plusieurs explications,
mais moi j'en vois surtout une :
dans l'univers tout bouge.

*

J'ai fait des choses terribles.
Maintenant, je vis avec.

On s'était arrêtés quelques jours
dans un village avec nos caravanes.
Délia toute contente :
« Je suis la plus jolie fille du village. »

*

Du campement tzigane de Nanterre,
ce qu'on voyait le mieux,
c'était la Grande Arche de la Défense.
C'était la misère,
les enfants marchaient pieds nus l'hiver
au milieu des rats, pas d'eau ni d'électricité,
et pas toujours quelque chose à manger,
et ce monument gigantesque éclairé
la nuit par des projecteurs est baptisé :
« L'Arche de la fraternité ».

*

Délia :
« Longtemps j'ai fait la misère sur le terrain. »

Mon père :
« Quand on voyageait avec nos verdines tirées par des chevaux,
dans tous les villages, on nous jetait des pierres. »

*

Mon père :
« Ma mère, mon père et mes sœurs
dormaient dans la verdine,
mes frères et moi, on dormait dehors.
On était heureux. »

*

Mon père se souvenait de sa mère leur disant :
« Mes enfants, mes petits, il n'y a rien à manger,
et dehors, il neige. »

Mon père :
« Quand les Allemands sont entrés en France en 39, on est tous passés en zone libre.
Six mois plus tard, on repassait tous en zone occupée.
« Pourquoi ? »
« Parce que la milice française était pire que les Allemands. »

*

Mon père avait assisté pendant la guerre
à la séparation dans une gare
des mères juives et de leurs enfants.
Mon père :
« Si on avait eu des armes,
on ne les aurait pas laissés faire. »

Si je pense à ma grand-mère que j'aimais tant,
je mets n'importe quoi dans ma tête
pour ne plus y penser.

*

Je n'ai jamais vu mon père aller à l'église,
sauf pour les enterrements.
Il ne parlait jamais de Dieu
et pourtant il était très croyant.

*

La vie,
c'est un peu comme des portes qu'on ferme
et qu'on n'ouvre plus jamais.

Le poète Jean Grosjean vient nous voir au cirque.
À la fin du spectacle il reste avec moi.
Un gars amène un cheval et le fait tourner sur la piste.
Jean Grosjean me demande pourquoi on le fait tourner.
Je lui dis :
« Parce qu'il a des coliques. »
Mais il entend autre chose et me dit :
« Ah c'est bien de le distraire
parce qu'il est mélancolique. »

*

Délia, à quinze ans, s'est fait enlever par un jeune Tzigane de dix-huit ans.
Après une semaine de résistance, elle lui a cédé.
Je lui demande pourquoi.
Délia :
« Il était si beau. »

Un vieux Tzigane :
« Quand un homme est bien inséré dans la société
et qu'il vise le sommet,
c'est qu'il est poussé par le diable. »

*

Jean Grosjean,
juste avant le spectacle, en matinée :
« Qu'est-ce que c'est beau ce vol d'hirondelles
à travers la toile du chapiteau ! »

*

Moi qui étais si misogyne, j'ai fait cinq filles.
Dieu m'a donné une bonne leçon que je méritais
et il m'a fait un grand cadeau
que je ne méritais pas.

Jean Grosjean :
« Je me souviens de votre père :
il avait un grand chapeau. Le vôtre est plus petit. »
Ce n'est pas facile d'égaler son père.

*

Mon père :
« Il ne faut pas grand-chose pour être heureux. »

*

La dernière phrase de mon père :
« J'ai eu une belle vie. »

À la fin de sa vie,
mon père était soigné par le docteur Mallarmé.
À la fin de sa vie, ma mère perdait un peu la tête,
elle l'appelait docteur Mal équipé.
Un jour que je raccompagnais le docteur,
je lui demande si ça ne l'agace pas d'être appelé « docteur Mal équipé ».
Le docteur :
« Surtout, jeune homme, ne faites pas remarquer à votre mère qu'elle se trompe,
"Docteur Mal équipé" c'est tellement joli. »

La première fois
que le poète Christian Bobin est venu nous voir,
il a mangé avec nous et je l'ai fait dormir
dans une caravane sans porte.
Le matin, assis près de ma caravane,
nous avons parlé longuement.
J'avais l'impression de le connaître depuis toujours.
Quand on s'est quittés, il m'a dit :
« J'avais un ami et je ne le savais pas. »

*

Écrire, c'est comme un fil qu'on tire, on se dit :
« Le fil va casser » et puis ça tient.

Je voulais tant revoir ma première fille...
Elle s'est sauvée en courant.

*

Tout est fait
pour qu'on se dévore les uns les autres,
et on le fait très bien.

*

Avec le temps qui passe,
j'ai de moins en moins d'affinités avec les hommes,
sauf les enfants, les gazelles et les loups.

Le bonheur ne donne rien, le malheur donne tout.

*

Un vieux Gitan :
« Pour la plupart des hommes,
tant qu'il n'y a pas la mort bien visible
au bout du chemin,
ils restent dans l'inessentiel. »

*

Ça fait plusieurs jours qu'on cherche une place
pour installer le chapiteau. Les mairies nous disent
qu'il n'y a plus d'espace public et c'est vrai
car ils ont fait ce qu'il fallait
pour qu'il n'y en ait plus.

On s'était arrêtés avec les caravanes près d'une rivière.
Mon père s'est baigné
avec son pantalon et sa chemise.
Je l'ai regardé d'un air amusé.
Quelques années plus tard,
j'étais au bord de la mer,
j'ai fait la même chose, ça m'a paru évident.

*

Je dis à Délia :
« Je voudrais tout arrêter pendant une année
pour écrire un vrai livre. »
Délia :
« C'est du propre, on n'a déjà rien à manger. »

Une fois de plus,
les magasins sont loin du campement,
les femmes vont à pied chercher à manger,
elles prennent les enfants avec elles,
elles ne se plaignent pas.

*

Monsieur le maire veut bien qu'il y ait un cirque dans sa ville
mais pas un cirque de Gitans.
Il nous a mis en dehors de la ville
sur une place en forme de cuvettte.
Et comme il pleut depuis deux jours,
on a de l'eau jusqu'aux chevilles.
Ce n'est pas vraiment drôle,
mais ça amuse beaucoup nos enfants.
Rose, la plus petite, saute à pieds joints dans l'eau
en criant :
« Lipa ! lipa ! lipa ! »

On devrait avoir deux vies :
une pour apprendre
l'autre pour vivre.

*

Ce matin la femme du trapéziste est morte.
Elle était malade depuis longtemps.
Avant de mourir elle a dit à son mari :
« Quand tu viendras sur ma tombe,
même si ça ne dure qu'un moment,
nous serons quand même réunis. »

Les années passent.
Un jour viendra
où je prendrai mes filles dans mes bras
pour la dernière fois.

*

On s'est battus toute la nuit avec le vent
pour l'empêcher d'emporter le chapiteau.
Le matin, la radio annonce que le vent va être encore plus fort.
On décide de démonter le chapiteau,
on s'est battus toute la nuit avec le vent
pour rien.

J'entends ma fille chanter dans la rue,
je suis heureux.

*

Demain ce sera une dure journée.
La route sera longue,
pour gagner du temps, le soir, on attelle
toutes les caravanes et toutes les remorques,
et puis le vent, la pluie, la nuit qui arrive,
la fatigue de la journée…
Alors, on s'est arrêtés au milieu du travail.
On reprendra demain à l'aube.

Bêtement, j'ai forcé les choses,
retenir Délia ou le vent, c'est pareil.

*

Elle a tout renversé, mon cœur avec.

*

Je disais : « Ma Délia. »
Maintenant
je ne dis plus rien.

Même si j'avais voulu pleurer
ça n'aurait pas été possible.
Je me suis tellement endurci.

*

Il est quatre heures de la nuit.
Je n'arrive plus à dormir.
Je m'assois sur le plancher gelé de la caravane.
Dehors il fait froid, il y a du vent.
L'hiver n'en finit plus.
Le campement est encore calme.
Pour quelques heures,
quelques heures seulement.

DU MÊME AUTEUR

PAROLES PERDUES, Gallimard, 2004.
SUR L'ÉPAULE DE L'ANGE, Gallimard, 2010.

Composé et achevé d'imprimer
par l'Imprimerie Floch
à Mayenne, le 13 juin 2017.
Dépôt légal : juin 2017.
1er dépôt légal : octobre 2011.
Numéro d'imprimeur : 91225.

ISBN 978-2-07-013642-1/Imprimé en France.

324168